MW01196615

The Little Big Decision

Mala velika odluka

A mini novel with vocabulary section for
learners of Croatian

Level: beginners

Ana Bilić

Text © 2016 Ana Bilić
Photo & cover design © 2016 Danilo Wimmer
All rights reserved.

ISBN-13: 978-1537395494
ISBN-10: 1537395491

www. croatian-made-easy.com

INTRODUCTION

Mala velika odluka – *The Little Big Decision* – from the series Kroatisch leicht - Croatian Made Easy is a reader for learners of the Croatian language. It is a mini novel with a vocabulary list at the end.

	Level 0	Easystarts	Up to 400 words
✔	**Level 1**	**Beginners**	**Up to 800 words**
	Level 2	Intermediate	Up to 1.200 words
	Level 3	Advanced	Up to 1.700 words

The books from the series *Kroatisch leicht - Croatian Made Easy* are designed as reading materials that will help students of Croatian grow their vocabulary and enhance their command of the language. Each book is a mini novel whose theme, grammar and vocabulary are tailored to a specific study level – for easystarts, beginners, intermediate or advanced students. Here are some indicators to help you decide what your level is:

Easystarts – Learners who can use Croatian in the present tense.

Beginners – Learners who can use Croatian actively in the present tense and have passive understanding of the future and perfect tenses.

Intermediate level – Learners who are able to actively

use the present, future and perfect tenses.

Advanced level – Learners who actively use the present, future and perfect tenses and have passive understanding of the aspects of the verbs.

For more information about other mini novels, please visit the website:

http://www.croatian-made-easy.com

Some Tips For Easy Reading

1. Omitted subject – look out for the verb

Always look out for the verb in a sentence and note how it ends. This is very important as the subject is often dropped, and there are words which look like a subject but are not in fact one. This is the case with "mi" and "ti". Both are not only used in the subjective case ("we" and "you"), but also in the objective case ("me", "you" as an object). It is therefore best to start out by looking at the verb and finding out to which (grammatical) person it refers:

Možeš *mi* dati knjigu? – Can **you** give/hand *me* the book?

Šaljemo *ti* pismo. – **We** send *you* the letter.

2. Open the vocabulary list/dictionary right away or not?

This depends on whether you just want to read the information in the text, or if you also want to learn the vocabulary contained in it. If you only want to read the text, it is better not to look for help in the dictionary right away. Each sentence will contain some words you know, and you can try and guess what the rest means in the given context. Even if the sentence does not make sense, try to go on and read the next one, and maybe the broader context will help you understand. Only if it still does not work should you consult the dictionary. But if you are reading the text to expand your vocabulary, you should look up all new words to avoid memorizing any incorrect meanings.

3. Do I need to know adjectives at all?

To get a rough idea of the basic story, adjectives are not the top priority. To understand the text fully and enjoy reading it, adjectives are essential.

4. Words with two meanings

These words may be irritating to some readers. Some examples include:

"i" and; also

I ja želim čitati knjigu. *(verbatim)* Also I want to read the book.

"trebati" – shall, should; need

"vrijeme" – weather; time

"se" – myself, yourself, etc.; one (impersonal subject)

– And the list goes on.

It is useful to make a note of such words to avoid getting confused.

CONTENTS – SADRŽAJ

1. PONEDJELJAK PRIJE PODNE, U ZBORNICI

- Dominik, molim vas, dođite!
- ... Da?
- Imate malo vremena, Dominik?
- Vremena, gospodine direktore?
- Da. Imate li sada nastavu?
- Ne, imam pauzu.
- Onda dođite. Želim da upoznate našu novu kolegicu. Ona je profesorica engleskoga jezika. Milena Witold.
- Drago mi je, kolegice Witold. Ja sam Dominik Reiter.
- I meni je drago, kolega. Što vi predajete?
- Njemački jezik. Ali neću predavati dugo.
- Ne? Kako to?
- Želim postati ribar.
- ... Molim?
- Ribar. Želim pecati ribu.
- Ozbiljno?
- Da, najozbiljnije.
- Ne razumijem. Želite napustiti posao profesora njemačkoga jezika i postati ribar?

– Da, Dominik, odakle vam ta ideja? Da li ja kao direktor škole trebam nešto znati što samo vi znate?

– Ah, dragi direktore, ne brinite, to je samo ideja. Moja ideja od djetinjstva.

– Hahahaha, kolegice Witold, naš Dominik se voli šaliti. Ne smijete uzimati sve ozbiljno što on kaže.

– Da, ja sam pravi klaun.

– Dominik, vi nemate pojma kako je komplicirano naći novog profesora. To je dug i naporan proces.

– Da, znam, vi imate jako komplicirani i odgovoran posao, gospodine direktore.

– Kolegice Witold, kod Dominika se nikad ne zna da li se on šali ili ne.

– Kolega Reiter, da li se vi šalite s pecanjem ili ne?

– Kolegice Witold, ja se ne šalim.

– Hahahaha, dragi Dominik, vi imate zbilja neobičan humor. Kolegice Witold, tko poducava djecu u pubertetu, taj mora imati humora.

– A koliko dugo vi već poducavate engleski jezik, kolegice?

– Ovo je moj prvi posao.

– Hahahaha...

– Dominik, nemojte plašiti našu novu kolegicu.

– Sve je u redu, gospodine direktore. Ja sam najstarija sestra u našoj obitelji, imam dvije mlađe sestre kod kuće, one su u pubertetu i isto tako cinične kao kolega Reiter.

– Ja sam ciničan?

– Da. Ali to je vaš humor, zar ne?

2. UTORAK UJUTRO, U AUTOBUSU

- Dobro jutro, kolega Reiter!
- Dobro jutro, kolegice Witold!
- Kako ste?
- Hvala, loše.
- Loše?
- Da, danas imam 6 sati nastave ujutro i još 2 sata dopunske nastave poslije podne.
- Ali imate i pauzu, zar ne?
- U pauzi trebam ispraviti referate.
- Imate puno referata?
- 3 razreda. To je oko 60 referata.
- Onda sva djeca ne smiju istovremeno pisati referate. Trebate posao raspodijeliti vremenski.
- Da, svaki dan trebaju pisati sastavke samo 2 učenika. Do kraja semestra dolaze svi na red.
- Ako nemaju referate, onda ne trebate korigirati referate.
- Kolegice, to je prva odlična ideja u ovoj školi!
- Kolega Reiter, zašto ste vi tako cinični?
- Kad sam umoran, onda sam, izgleda, ciničan.
- Vi ste često umorni?
- Ne, samo u zadnje vrijeme.
- Da li smijem pitati – zašto?

- To je duga priča.
- Oh, oprostite, nisam htjela biti nametljiva.
- Sve je u redu. Recite mi, kako ste vi danas?
- Danas sam bolje. Jučer - hm, naporno, to moram priznati.
- Koje razrede imate?
- 6a, 7b i 8c.
- O bravo, imate i maturante.
- Da. Danas ujutro imam maturante. Ali ja volim maturante.
- Zašto?
- Moje sestre su maturantice.
- A vi volite vaše sestre?
- Da, ja volim moje male sestre. Imate li vi sestre ili braću?
- Da, imam brata. Ali on je oženjen i ima malu djecu.
- Ovdje u Beču?
- Da. Vi ste iz Beča, kolegice?
- Ja živim u Beču od rođenja, ali moji roditelji dolaze iz Poljske.
- Odakle iz Poljske?
- Iz Lublina. Poznajete Lublin?
- Ne, nažalost ne. Lijep grad?
- O, da, vrlo lijep grad. Vi ste rođeni u Beču?
- Da, ali moja mama nije iz Beča nego iz Hrvatske.
- Odakle iz Hrvatske?
- Moja mama je rođena u Splitu.
- I kakav je Split?
- Vrlo lijepi grad. Ljepši nego gradovi u Poljskoj.
- Hahahaha, vi imate zaista neobičan humor, kolega. Otkud znate da su gradovi u Hrvatskoj

ljepši nego u Poljskoj kad ne poznajete poljske gradove?
- Znate zašto to kažem?
- Ne. Zašto?
- Želim vas nasmijati.
- Zašto, kolega?
- Treba vam puno energije za maturante.
- Hvala vam, ali ja mislim da pretjerujete.
- Ne, ne pretjerujem.
- Možda. Ali možemo se vidjeti u pauzi za ručak i mogu vam ispričati o mojem prvom satu.
- U pauzi moram ispraviti referate.
- Ali vi i ručate, zar ne? Ponekad morate biti gladni. Kao svaki čovjek... Ili vi niste kao svaki čovjek?
- To je istina. Mislim, i jedno i drugo. Dok ručamo, možete mi ispričati kako je bilo.
- Dogovoreno. Vidimo se u kantini.
- Može.

3. UTORAK U PODNE, U KANTINI, PRIJE SUSRETA S KOLEGICOM

«Da vidimo... jedan, dva, tri, četiri, pet... i još pet, i još pet, i još pet... i još deset... i još deset... i još deset... i još dva... To su 52 referata. To su osam referata manje. I to je utjeha. Ako dakle svaki referat korigiram 5 minuta, onda je to ukupno 260 minuta. 260 minuta je – koliko sati? 260 minuta podijeljeno sa 60 je 4 sata i 20 minuta. Hm. Do prekosutra trebam naći 4 sata i 20 minuta. Ako podijelim 4 sata i 20 minuta na dva dana, onda je to 2 sata i 10 minuta po danu. Za pauzu imam 30 minuta. Ako jedem u pauzi samo 10 minuta, ostaje mi 20 minuta. Onda ostaje za danas za korigiranje samo još – 2 sata i 10 minuta manje 20 minuta? 1 sat i 50 minuta. Nije strašno. Nadam se da moja kolegica neće doći na pauzu. Mislim, nemam ništa protiv kolegice Witold, vrlo je draga, i mlada, i simpatična, da, mlada i naivna, ali imam osjećaj da ne zna drugačije nego postavljati direktna pitanja. To je šarmantno, ali ja nisam za direktna pitanja u zadnje vrijeme. To je valjda zbog Sanje... Ah, pustimo sada to... Referati su bitniji... Zapravo oni nisu bitniji, oni su samo aktuelni. Klasični stres u školi. Interesira me kako li kolegica Witold stoji sa stresom... Zašto je sada nema?...»

- Kolega Reiter?...
- A tu ste, kolegice Witold.
- Da, ali molim vas, zovite me Milena.
- Dobro. Ja sam Dominik.
- Hvala, Dominik. Kako ste?
- Hvala, ide. A vi? Kako naši maturanti? Samo nemojte reći: odlično.
- Hahahaha, ali oni jesu odlično.
- Zašto su odlično?
- Ja ne znam kako je kod vas, ali pogledajte – ovo je projekt koji je s njima dogovoren.
- Što je to?
- Žele napisati kratki kazališni tekst na temelju teksta «The Picture of Dorian Gray». Žele da angažiram studenta ili studenticu režije da naprave predstavu. Žele prezentirati predstavu za Božić.
- Oh... Kako to?
- Nekoliko učenika žele polagati maturu iz engleskog, oni su idejni vođe projekta.
- Žele ekstra pisati tekst i glumiti?
- Da.
- Zašto?
- Ne znam. To je neobično?
- Da. Taj razred je posebno glasan i uglavnom radi što želi.
- Sa mnom očito ne, kolega.
- Kako to, kolegice?
- Kako to da s vama ne pišu tekstove i ne glume?
- Ja nisam tako mlad i lijep kao vi, kolegice.
- Niste žensko, to mislite?

– Ne, to ne mislim. Vi ste mladi kao i oni. Zato se razumijete.

– Kolega, to zvuči kao uvreda – ja sam balavica kao i oni.

– Uvreda?

– Da.

– Oh... Oprostite! Žao mi je. Nije namjerno.

– Recite mi – što taj razred radi na vašem satu?

– Mi se uglavno svađamo.

– Stalno?

– Ne, samo u zadnje vrijeme.

– Možda to ima veze s vašim raspoloženjem.

– ... Je li?

– Da.

– E sad to za mene zvuči kao uvreda – želite reći da se ne mogu kontrolirati.

– Hahahaha... Nije tako. Zaista. U svakom slučaju nije namjerno.

– Ne?

– Ne. Sad smo «kvit».

– Hahahaha... Da, sad smo «kvit».

4. UTORAK NAVEČER, U RESTORANU

– Dobra večer, Dominik!
– Dobra večer, Stipe!
– Večeras si sam?
– Ne, nisam. Sanja dolazi u 7.
– Odlično. Danas imamo svježi brancin. Danas je dovežen iz Trogira. Moraš ga probati.
– Vrlo rado, Stipe.
– Što želiš piti?
– Prvo malu kavu i vodu, a onda aperitiv.
– Jesi za grapu? Imam odličnu talijansku grapu.
– Nemaš domaću grapu, Stipe?
– Imam. Ona se inače zove lozovača.
– Da, lozovača. Eh, izgleda da već zaboravljam naše nazive.
– Zato sam ja tu, ja sve znam. Ti trebaš samo pitati što je nejasno, Dominik.
– Dobro. Reci mi jednu stvar. Koliko dugo si već u braku?
– 12 godina.
– I?
– I što?
– Kako je u braku?
– Super. Bolje ne može biti... Tanja?

– Da?

– Dominik pita kako je u braku.

– Dominik, zašto to pitaš?

– Samo tako.

– A, to se ne pita samo tako. Imaš bračne planove?

– Da, Dominik, je li to sa Sanjom ozbiljno?

– Za mene jeste.

– A za nju?

– To želim danas saznati, Tanja.

– Ozbiljno?

– Da. Želim je pitati da li želi da stanujemo zajedno.

– Da stanujete zajedno?

– Da.

– Kako to?

– Ali to nije prvi put da želite zajedno stanovati, zar ne?

– Ne, nije prvi put, Stipe.

– Kako to da još ne stanujete zajedno?

– Hm... Nismo bili baš odlučni.

– A zašto sada želiš da stanujete zajedno?

– Ti poznaješ moj stan, Stipe?

– Da, lijepi fini stan. Nije velik, ali zato nisu ni režije visoke.

– Prije par tjedana pitao me je vlasnik da li želim kupiti stan. I ja sam rekao da želim: mogu dignuti kredit jer nemam kredita, a imam stalni posao. Stan je lijep, i Sanja kaže da je zgodan.

– I zato je želiš pitati da stanujete zajedno?

– Da.

– Zna li Sanja za tvoj plan?

– Ne, ne zna.

– A ako ne želi stanovati s tobom?

– Stipe, Sanja i on su već 7 godina zajedno.

– Ja to samo kažem jer Dominik u zadnje vrijeme dolazi sam u lokal.

– Sanja ima puno posla.

– Stipe, to i ja stalno govorim: Sanja ne dolazi s Dominikom jer ima posla.

– Svatko ima puno posla. Ali vi ste mladi, ti i Sanja, vi trebate uvijek imati vremena.

– Zašto si tako negativan, Stipe? Dominik ne treba sada negativna pitanja.

– Tanja, ja želim Dominika samo pripremiti u slučaju da Sanja... znaš.

– Hvala ti Stipe, ja sam pripremljen i da ona kaže «ne».

– Jesi, Dominik?

– Jesam. Sanja i ja se volimo, ali u zadnje vrijeme... hm... imam osjećaj da je gubim.

– Da?

– Uvijek govori da ima posla i da se ne možemo vidjeti. Ne znam zašto.

– To je riskantno pitanje.

– Da, ali što mogu drugo napraviti?

– Je li istina da uvijek ima posla?

– Jeste. Uvijek je na poslu. Ponekad dolazim na njezin posao i onda idemo direktno na večeru. Cijeli dan je na poslu.

– Još uvijek radi u arhitektonskom uredu?

– Da.

– Ima li tamo zgodnih arhitekata?

– Ima. I ona je jedina žena.

– Stipe, daj pusti Dominika na miru! Prestani biti tako sumnjičav!

- Ja samo volim Dominika. On je za mene kao sin i zato tako puno pitam.
- Hvala ti, Stipe.
- Ali da, pustimo to. Znači: kavu, vodu i lozovaču. Da li Tanja treba ostaviti ribu i za Sanju?
- Ne znam da li Sanja želi jesti ribu. Ona kaže da navečer voli jesti samo juhe.
- Pametna žena. Lagana večera navečer je zdrava.
- I riba je lagana večera.
- Da, istina. Za sada možeš donijeti samo piće, Stipe... Ah, moj mobitel. To je sigurno Sanja... Da, to je ona... Zdravo, Sanja... Da, čekam te u lokalu i razgovoram sa Stipom i Tanjom... Opet?... I baš moraš ostati u uredu?... Dođi bar na pola sata... Zato jer je plan za večeras izuzetan... Hoćeš da ja dođem u tvoj ured?... Kako dugo?... Nisi gladna?... Ah, tako... Ako želiš mogu donijeti večeru. Stipe ima svježu ribu iz Trogira... Ne, ne mogu donijeti večeru za cijeli ured, samo za tebe... I do kada moraš raditi?... Projekt mora biti sutra gotov?... Cijelu noć?... A tako... Žao mi je što moraš raditi tako puno... No dobro. To ne možemo promijeniti, zar ne?... Onda, ugodan posao i ugodna noć... Da, čujemo se sutra... Bok...
- Onda? Hoće Sanja doći?
- Ne, neće.
- Na poslu je?
- Da.
- Žao mi je.
- Sve je o.k., Stipe.
- Sanja je vrlo ambiciozna, to znaš.
- Da, znam.

The Little Big Decision / Mala velika odluka

5. SRIJEDA PRIJE PODNE, NA NASTAVI

– Danas govorimo o kazališnom tekstu «Opera za tri groša» Bertolta Brechta. U redu?... Tko želi nešto reći o «Operi za tri groša»?... Nitko?... No dobro. Onda konkretno pitanje: o čemu se radi u «Operi za tri groša»?... Tko želi odgovoriti?

– Ja želim.

– Izvoli, Daniel.

– U «Operi za tri groša» radi se o korupciji i manipulaciji.

– Vrlo dobro. Tko je korumpiran?

– Svi.

– Svi?

– Da. Ili su korumpirani ili su manipulirani. I šef prosjaka Peachum i kriminalac Mackie Messer i policijski šef Tiger-Brown.

– A masa? Kakva je masa?... Julia?

– Masa je manipulirana.

– Zašto?

– Zato što...

– Zato što je glupa, hahahaha...

– Alexander, zašto misliš da je masa glupa?

— Jer je glupa.

— Zašto?

— Tako.

— Da li masa razmišlja?

— Kako masa može razmišljati kad nema glavu? Hahahaha...

— Reci mi – da li je pojedini čovjek inteligentan?

— Ja ne znam za vas, ali ja jesam.

— Fino. Ti kao inteligentan čovjek – da li možeš objasniti zašto je jedan čovjek inteligentan, ali kada je on u masi, onda je – kako ti kažeš – glup?

— Ja znam.

— Da, Dagmar?

— Zato što se brine što drugi misle o njemu. Kad se brine o drugima, onda se ponaša drugačije.

— Što drugi misle o Dagmar i njezinom stavu?

— Dagmar je cool, ali ona ne može misliti jer stalno misli na Rudija, hahahahaha...

— I po noći u krevetu, hahahahaha...

— Rudi, što ti misliš o Dagmar i njezinom stavu?

— I on misli na Dagmar u krevetu, hahahaha...

— Saskia, koje je tvoje mišljenje?

— U vezi čega?

— Dagmar smatra da čovjek u masi pazi što ostali misle pa se zato ponaša drugačije.

— To je istina.

— Zašto?

— On se više osjeća kao dio mase nego kao pojedinac.

— Zašto tako osjeća?

— Jer se osjeća da je mali u masi. On je mali, a masa je velika. On se gubi u masi. Ali to mu ne smeta.

– Zašto mu ne smeta?

– To ne znam. Jednostavno mu ne smeta da više nije pojedinac.

– Što mu masa daje?... Igore?

– On se osjeća da je u masi siguran.

– Vrlo dobro!

– Profesore, Igor je «štreber».

– Zato što misli svojom glavom, a ne kao masa?

– Hoćete reći, profesore, da smo mi masa? Da smo glupi?

– Ne znam. Jesi ti u masi, Karl?

– Ako nisam u masi, onda sam protiv mase. Ako nisi «za», onda si «protiv».

– Interesantno.

– Profesore, jeste vi isto u masi? Ili ste protiv mase?

– I to je interesantno pitanje. Što ti misliš, Thomas? Što je bolje?

– Profesore, to ja pitam vas.

– Hvala lijepo na pitanju, ali prvo – ti.

– Ja mislim da smo mi masa, a da vi niste dio mase. Zato što ne možete biti dio mase.

– Zašto ne, Philippe?

– Vi niste dio naše mase, dio razreda. Vi ste profesor, vi ste druga klasa.

– Ja sam druga klasa?

– Da. Vi jedini odlučujete o ocjenama. Iako je nas više, mi ne možemo odlučivati o ocjenama. Vi vladate, ali vi nas ne možete manipulirati.

– Zašto vas ne mogu manipulirati?

– Zato što vam možemo prijaviti. Direktoru. Ili ministarstvu. I onda – ćao, đaci!

– Odličan argument, Philippe! Što je s masom

kod Bertolta Brechta?
- Masa ne može prijaviti manipulaciju.
- Zašto ne?
- Zato što ona nema direktora, hahahahaha....
- Tako je. Koga ona ima?
- Nema nikoga.
- Što onda ona treba učiniti?
- Dignuti revoluciju.
- Da li i drugi misle da je revolucija potrebna?
- Da...
- Zašto?
- Zato što onda možemo završiti diskusiju.
- Profesore, znate da imamo novu profesoricu iz engleskog?
- Profesore, jeste vi oženjeni?
- Zadnje pitanje za sve u razredu: što mislite o ženama u tekstu?
- Kojim ženama? U tekstu su i žene?
- Alex, ti si zbilja glup.
- Koje su žene u tekstu?... Tko zna?... Julia?
- To su Polly, Lucy i Jenny. Polly je žena kriminalca Mackie Messer, Lucy je kćerka policijskog šefa, a Jenny je prostitutka.
- Profesore, ona kaže «prostitutka»! To se ne smije govoriti ženama, hahahahaha...
- Što je zajedničko za sve žene?
- Sve su prostitutke.
- Zaista, Alex?
- Moj tata kaže: sve su žene iste.
- Da li i ti tako misliš?
- Ja ne poznajem žene.
- Profesore, on poznaje samo Barbaru, hahahahaha...

– A ti, Anita, poznaješ samo Manija!
– Kako lažeš!
– Ti se ljubiš u pauzi s Manijem!
– Ne ljubim! On samo traži od mene vatre kad pušimo.
– Da, da, cijela škola zna što radite.
– Profesore, on je bezobrazan!
– Molim vas, mir!
– Alex me vrijeđa! On laže i govori neistinu!
– To je istina što govorim!
– Molim vas, smirite se! Recite mi, kakav je lik Polly?... Sandra?
– Ona želi luksuzni život.
– Zašto?
– ... Zašto?
– Da, zašto?
– Ne razumijem pitanje. Svatko želi luksuzni život.
– Je li istina što Sandra kaže? Ili netko drugi ima drugo mišljenje?... Gül?
– Nije važan samo luksuzan život, važna je i obitelj.
– Da?
– Da. Ako čovjek nije zadovoljan i nema ljubavi, onda luksuz ne pomaže.
– Tako je.
– Profesore?
– Da?
– Da li vi živite u luksuzu?
– Ne, Alexander. A ti?
– Znači, profesore, vi trebate obitelj koja vas voli?
– Svatko treba obitelj koja ga voli.

– Profesore, to nije istina.

– Ne, Zorane? Zašto ne?

– Sinan treba samo Karin da ga voli, hahahahaha...

– Daj prestani! Sinan i ja nismo zajedno!

– Zašto onda stalno idete zajedno u «Box»?

– Karin, što kaže na to tvoj novi dečko?

– Ja nemam dečka. Ideš mi na živce! Ako ti nemaš curu, onda to ne znači da su svi nervozni kao ti.

– Molim vas! Imam pitanje i to zašto...

– Profesore, Anita plače!

– Anita, što je? Zašto plačeš?

– Ona se ne osjeća dobro.

– Sigurno je trudna.

– Daj prestani, glupane!

– Ona ima temperaturu.

– Anita, hoćeš ići doktoru?

– Ne znam...

– Sabine, idi s Anitom u ambulantu.

– Ne, ne treba, ja sam dobro...

– Treba, treba. Molim te, Sabine, pomozi Aniti.

– Hajde, Anita, idemo...

– Ja sam dobro.

– To treba reći doktor. Idemo...

– No dobro...

– I molim, javite mi što kaže doktor. U redu?

– U redu.

– ... Dobro... Sada želim da pismeno opišete žene u «Operi za tri groša». Molim kratki sastavak... Idući put govorimo o drugom kazališnom komadu Bertolta Brechta «Majka Courage i njezina djeca».

– Profesore, je li i u tom tekstu ima prostitutki?

– Za idući put želim da pročitate tekst.

– Zašto?

– Imate dvije mogućnosti: ili pročitati tekst ili pisati kontrolni test. Što želite.

– Uf, profesore, kako ste vi naporni!...

– Imate pravo. Ne trebate pročitati tekst. Pišete kontrolni test.

– Profesore!

– No dobro. Tko pročita tekst, ne treba pisati test.

– Profesore, zašto ste vi tako komplicirani? Imate li problema kod kuće?

6. ČETVRTAK POSLIJE PODNE - NAVEČER

– Halo, Sanja... Što radiš?... Ja upravo želim večerati... Možemo zajedno večerati ako želiš... Ne?... Slušaj, ako ne želiš biti sa mnom, onda mi to slobodno možeš reći... Nisam nervozan... Znam da imaš veliki projekt.... Da, svi tvoji projekti su hitni... Ti uvijek kažeš da je projekt hitan... Nisam ljut... Razočaran sam... Da, trebamo razgovarati... Kad imaš vremena?... Da, naravno, nemaš vremena, imaš hitan projekt... Slušaj, ne mogu dalje razgovarati, kuham čaj... Čujemo se...

– Da, Sanja?... Da, ljut sam... O čemu želiš razgovarati? O vremenu?... Nego?... Želiš da se vidimo?... Kada želiš da se vidimo?... Sutra navečer ja ne mogu... Ni prekosutra ne mogu... Zato jer imam posla... Znam da je subota... Moram kuhati za Dianu i Wolfija... Ponekad oni ostanu i do navečer... Možda mogu u nedjelju, ali nisam siguran... Zašto ti ne možeš u nedjelju?... Nisi tu?... Nego gdje si?... Kamo letiš?... Zašto letiš u Rusiju?... Da, glupo pitanje. Imaš projekt u Rusiji, zar ne?... Što mi želiš

21

reći?... Reci!... Zašto to ne može preko telefona?... Naravno da ti imaš takta... Hajde, dobro onda. Vidimo se u subotu navečer... Gdje se vidimo?... U «Rivi»? Gdje je lokal «Riva»?... Mogu pogledati na internetu... Dobro, ti rezerviraj stol... U redu... Bok...

7. PETAK UJUTRO, U AUTOBUSU

- Dobro jutro, Dominik!
- Dobro jutro, Milena!
- Kako ste?
- Ide, ide... A vi?
- Hvala, dobro. Dominik, ovo je moja susjeda Iris... Iris, ovo je moj kolega Dominik.
- Drago mi je.
- Također.
- Dominik, moja susjeda Iris je prevoditeljica za ruski jezik. Ona trenutno nema posla. Ako slučajno znate da li netko treba ruskog prevoditelja, molim vas, možete li mi to reći? Iris je odlična prevoditeljica, ima 5 godina iskustva, ali vi je ne trebate preporučivati. Samo nam trebate reći ako znate za neki posao u vezi ruskog jezika. Može?
- Da, nema problema. Što vi inače prevodite, Iris?
- Uglavnom prevodim tehničku dokumentaciju za građevinarstvo. Moj brat je građevinski inženjer i ja sam puno radila za njegovu firmu. Ali on je sad u novoj firmi i njegova bivša firma ima novog tehničkog crtača koji zna ruski.

– A ta nova firma u kojoj radi vaš brat – s kime ona radi?

– I ona radi s Rusijom, ali njegova šefica Sanja Vrabec zna dobro ruski.

– ... Sanja Vrabec?

– Da. Poznajete Sanju Vrabec?

– Da, poznajem. Firma «Köhler & Partner»?

– Da. Odakle poznajete Sanju Vrabec?

– Ona je moja prijateljica. Naši roditelji se poznaju – i njezini i moji roditelji su iz Splita. A Sanja i ja smo išli i u isti razred.

– Ah, kako je svijet mali!

– Da, zaista... A kako se zove vaš brat?

– Helmut Novoszel... Helmut treba uskoro letjeti sa Sanjom u Rusiju. Trebaju preuzeti kontrolu gradnje jedne škole.

– Ozbiljno?

– Da.

– I kako dugo ostaju u Rusiji?

– Oko 2 mjeseca.

– Tako dugo?... Ozbiljno?

– Da.

– Hm... Zar Helmut nema obitelj, ženu, djecu?

– Ne, Helmut nema vlastitu obitelj.

– A djevojku?

– Ne, nema više.

– Ah, tako. Onda je za njega jednostavno da ostane u Rusiji.

– Da... Dominik, ako dakle saznate za neki posao gdje traže prevoditelja za ruski, hoćete nam reći?

– Naravno, bez brige, Iris.

– Ovdje je moja vizitkarta.

– Hvala. Čim saznam za nešto, javljam se.

– Imate li vi vizitkartu, Dominik?

– Da, imam... Samo malo... Evo, tu je... Izvolite. Milena, ovo je vizitkarta i za vas.

– Hvala.

– Ja sad ovdje izlazim. Dominik, hvala vam puno, nadam se da se uskoro čujemo. Milena, mi se čujemo telefonom.

– Da, naravno. Doviđenja, Iris.

– Doviđenja, Iris.

8. PETAK PRIJE PODNE, NA NASTAVI

– Ovdje su vaši referati. Oni su korigirani i, mogu reći, ima i jako dobrih referata, ali ima i jako loših referata. Ima nekoliko odličnih ocjena.

– Jeeeeeea!...

– Emma, molim te, podijeli referate.

– Profesore, ovo je bio zadnji referat u ovom semestru, zar ne?

– Da. Sada možete pisati samo još testove.

– Uf, profesore!...

– Profesore?

– Da, Edith?

– Moj referat je jako dobar, a ocjena tako loša. Zašto?

– On je dobar, međutim on ne odgovara naslovu referata. Naslov je «Karakteristike proze u Austriji nakon 1. svjetskog rata», a ti si pisala samo o životima pisaca.

– Ja nisam razumijela temu.

– Naslov je bio prilično jasan.

– Ja nisam zadovoljna ocjenom. Mogu li je ispraviti?

– Ako želiš, možeš usmeno odgovarati i ispraviti

ocjenu. Da li želiš usmeno odgovarati?
- Da, želim. Nije fer – ja znam sve o toj literaturi i želim odličnu ocjenu.
- Nema problema. Mi imamo program do kraja godine, i ako razred nema ništa protiv, možemo uzeti 20 minuta sljedeći put i možeš odgovarati. Onda razred treba jedan dio gradiva naučiti sam kod kuće. U redu?... Čujete me?... Molim vas, mir!... Trebate naučiti dio sami kod kuće, ako želite pomoći Edith...
- Što moramo naučiti sami kod kuće?
- Slušajte što profesor govori!
- Sljedeći put odgovara Edith jer želi bolju ocjenu iz referata, ali onda vi morate jedan dio naučiti sami kod kuće.
- Ne, ne može... Edith, zašto želiš bolju ocjenu? Dobila si četvorku. To je dobra ocjena.
- Hoću bolji prosjek ocjena na kraju godine.
- Ah, Edith!...
- Hajde, pomozite mi...
- Profesore, što onda mi moramo naučiti kod kuće? Nemojte nam dati nešto teško!
- Trebate pročitati u udžbeniku 3 stranice... stranica 58, 59 i 60... I onda odgovoriti na pitanja ispod teksta.
- Može samo 2 stranice?
- 3 stranice su jedno poglavlje.
- Profesore?
- Da?
- Možemo mi ispitivati Edith na sljedećem satu?
- Veljko, želiš ispitivati Edith na sljedećem satu?
- Ne znate, profesore? Veljko voli Edith i oni će se vjenčati. Već sad žive kao u braku.

– Hvala Jonas na informaciji i na prijedlogu. Ali neće biti potrebno.

– Kako ti ništa ne razumiješ, Jonas! Veljko i Edith se mogu dogovoriti oko pitanja. A to profesor ne želi.

– Profesore, ja isto neću moju ocjenu. Moja je ocjena negativna.

– Želiš i ti, Lea, sljedeći put odgovarati za bolju ocjenu?

– Ne, ja samo želim bolju ocjenu.

9. PETAK U PODNE, U KANTINI

– Dobar dan, Dominik!
– Dobar dan, Milena!
– Vidim, jedete pizzu. Kakva je?
– Jako ukusna.
– Vi volite pizze, Dominik?
– O da, volim talijansku kuhinju. A vi?
– Ja volim svaku kuhinju ako je veganska. Znači, ovdje ima i pizza?
– Da, petkom.
– Ima i veganskih pizza?
– Veganskih pizza? Kakve su to veganske pizze?
– Bez sira.
– Kakva je to pizza bez sira? Samo s paradajzom?
– S paradajzom i s povrćem.
– Milena, i takva pizza je ukusna?
– Da.
– Bez mesa?
– Da, bez mesa.
– A jaja?
– Što je s jajima?
– Pizza s jajem.
– Kakva je to pizza s jajem, Dominik?

– Odlična.

– Ne, ja ne jedem jaja.

– Vi ste već dugo veganka?

– Oko 10 godina.

– Smijem pitati zašto?

– Zdravstveni problemi.

– Oh, žao mi je.

– Sve je u redu. Kao veganka nemam više zdravstvenih problema.

– To je onda dobro.

– O da, to je jako dobro. Samo – da li ovdje ima veganskih jela?

– To morate pitati. Recite mi, Milena – što inače jedete u restoranima?

– Jedem salate, rižota i tjestenine. To uglavnom ima u svakom restoranu.

– Da li jedete ribu?

– Ne.

– Što jedete umjesto ribe?

– Jedem alge, morsku salatu, humus i sezam kao začin.

– I to nije komplicirano za pripremiti?

– U početku je bilo, ali poslije sam naučila brzo i dobro kuhati.

– Da li rado kuhate, Milena?

– Da. Vrlo rado. Moja cijela obitelj kuha dobro. I moje male sestre su već specijalisti u kuhanju. A vi?

– I ja. To je moj strastveni hobi.

– Zaista? I što volite kuhati, Dominik?

– Ja rado kuham juhe i rižota. Za juhe sam majstor, a za rižota sam umjetnik.

– Hahahaha, to je rečeno vrlo poetski.

– Ne šalim se. Ozbiljno. Ako imate vremena, mogu

skuhati nešto za vas.
- Da? Nešto veganski?
- Još nisam nikada pripremao veganska jela, ali ja volim izazove. Imam jako puno recepata i među njima sigurno imam i veganskih.
- To je vrlo primamljiva ponuda. Za koga inače kuhate, Dominik?
- Kuham za mojeg nećaka i nećakinju, ali ne svaki dan. Svaku subotu oni su moji gosti. Preko tjedna nemam vremena za veće kuhanje, kuham samo za sebe.
- Koliko godina imaju vaš nećak i vaša nećakinja?
- Wolfi ima 5 godina, a Diana 8. Oni jako vole moju kuhinju.
- Sigurno zato što se vi jako trudite.
- Može biti. Oni su predivna djeca.
- Vi dakle ipak volite djecu?
- Da, naravno.
- A ova djeca u školi?
- Volim i njih, ali više volim malu djecu.
- Ova djeca u pubertetu – nisu li ona ustvari mala djeca ali s malo više godina?
- Ponekad da, ponekad ne.
- Ja ih gledam uvijek tako – kao mala djeca koja žele dokazati da postoje.
- Ne gledate ih kao djecu koju treba obrazovati?
- Ono što žele naučiti, to i nauče. Ono što ne žele naučiti, ona neće naučiti.
- Vrlo opušten stav.
- Da, ali funkcionira. Ali sada idem naručiti nešto za jelo, jako sam gladna, a pauza prolazi... Da li je vaš poziv za ručak ozbiljan?
- Jeste. Ako imate vremena u nedjelju.

– U nedjelju?

– Da. Mogu skuhati punjene paprike. Bez mesa, samo s povrćem. Što mislite o tome?

– Ja jako volim punjene paprike.

– Onda dogovoreno.

– Znate, ne želim se nametati.

– Nametati? Ne brinite, ja sam vas pozvao, vi se niste sami pozvali.

– U redu. Hvala.

– Vi imate moju vizitkartu, zar ne? Tamo je napisana moja adresa. Vidimo se, recimo... oko 12?

– Može u pola 1?

– Da, to je još bolje, u pola 1.

– Dogovoreno.

10. SUBOTA U PODNE, KOD KUĆE

- Što imamo danas za ručak, striče?
- Danas imamo za ručak juhu od tikvica i fusilli a la Genovese, Wolfi.
- Što je to «fusilli a la Genovese», striče?
- To je tjestenina i zeleni sos.
- Zeleni sos? Kakav zeleni sos?
- Jako ukusan, Wolfi.
- Striče, ja znam što je «fusilli a la Genovese».
- Što, Diana?
- To su zeleni «šarafi».
- Da, ti «šarafi» se zovu fusilli.
- Ja volim «šarafe».
- Drago mi je, Wolfi.
- A što imamo za desert?
- Imamo jabuke.
- Ja ne volim jabuke.
- Ne, Wolfi?
- Hoćemo napraviti griz na mlijeku?
- Ja hoću puding.
- Jučer smo jeli puding, Wolfi. Ja neću svaki dan jesti puding. Striče, reci mu!
- Dobro Wolfi, voliš li kakao?

– On ne voli kakao.

– Ne voliš kakao, Wolfi? Ja volim.

– Zašto ti voliš kakao?

– Zato jer svaki ribar voli kakao. Kakao je dobar mamac i zato se svaki dobar ribar mora razumjeti u kakao.

– Kakao je dobar mamac? Za koga je kakao dobar mamac, striče?

– Za zlatnu ribicu.

– Za zlatnu ribicu?... Ona koja ispunjava 3 želje?

– Da. Ona jako voli kakao. Zlatna ribica se inače ne može upecati, ali ako staviš kakao na mamac, onda ona odmah dopliva.

– Ozbiljno?

– Da.

– Ali kad smo bili u Splitu, onda nismo stavljali kakao kao mamac.

– Onda nismo pecali zlatnu ribicu.

– Zašto mi nisi rekao da se zlatna ribica može upecati?

– Zato što je i s kakaom teško upecati zlatnu ribicu, Wolfi. Ona zna puno ribarskih trikova. I zna da ja kakao za nju opasan. Zato ona izbjegava kakao. Ali mlade zlatne ribice to ne znaju. Zato svaki ribar ima šansu da upeca zlatnu ribicu. To je stvar sreće. I stvar kakaa.

– Hoćemo opet pecati u ljeto, striče?

– Naravno.

– Ja volim pecati.

– I ja jako volim pecati.

– Striče, hoćemo upecati zlatnu ribicu?

– Ne znam, ali možemo pokušati.

– Striče, što možemo pitati zlatnu ribicu?

– Što želiš pitati zlatnu ribicu? Da li imaš želja?

– Hm... ne znam... A ti?

– Ja imam jednu želju.

– Koju, striče?

– Ja želim imati isto tako dobru djecu kao što ste vi.

– Striče, za to ti ne treba zlatna ribica nego žena.

11. SUBOTA NAVEČER, U LOKALU «RIVA»

- Dobra večer!
- Dobra večer! Izvolite.
- Moja prijateljica je rezervirala stol za 2 osobe. Sanja Vrabec.
- Da, ovdje je rezervacija... Molim vas, ovuda...
- Hvala.
- Izvolite sjesti...
- Hvala lijepa.
- Što želite popiti?
- Zasada želim naručiti aperitiv.
- Odlično. Kakav aperitiv želite?
- Što preporučujete?
- Imamo odličnu travaricu. I imamo odličnu rakiju od imele. To su istarska narodna pića. Naš liferant je obitelj Benčić. Ona se već generacijama bavi proizvodnjom rakije.
- Zvuči dobro. Molim onda rakiju od imele.
- Odmah.
- Dok čekam, možete mi donijeti jelovnik?
- Naravno... Samo malo... Izvolite...
- Hvala... Da li trebam čitati jelovnik ili je bolje

da mi vi nešto preporučite?

– Lazanje začinjene ružmarinom s mljevenom janjetinom su odlične. Također i filet od skuše na žaru s pireom od patlidžana i s krumpirom.

– Ja želim lazanje. Ali to mogu naručiti samo za sebe, ne i za moju prijateljicu.

– Naravno... Zasada rakiju od imele, zar ne?

– Da.

– Stiže odmah...

– Hvala... Ah, što je ovo?... Mobitel... Sanja?... Što se dogodilo?... Ništa?... Nego?... Nećeš doći?... Sad mi to kažeš?... Zašto ne možeš doći?... Kako to misliš – još radiš? Pa subota je navečer! Osim toga ti si sama predložila da se vidimo u subotu navečer... Nisi planirala da tako dugo radiš?... I tko je s tobom u uredu?... Svi?... Oprosti, ali to je već smiješno... Trebala si reći da ne možeš doći... Da, da, nisi planirala... Naravno da se ljutim... Sutra ujutro?... Da li se možemo vidjeti sutra ujutro?... Sigurno?... Dolaziš kod mene na doručak?... Donijet ćeš doručak?... Što da kažem?... Ništa... Vidimo se...

– Izvolite, ovdje je rakija.

– Hvala... Moja prijateljica neće doći.

– Neće doći?

– Ne.

– Oh, žao mi je.

– I meni.

12. NEDJELJA 12 SATI, KOD KUĆE

- Sanja, pa gdje si ti?! Rekla si da ćeš doći ujutro, a sada je već podne. Ja sam počeo već kuhati ručak.
- Žao mi je. Radili smo jučer do pola 5 ujutro. Ja sam navila sat u 8, ali nisam ništa čula. Žao mi je.
- Zvao sam te nekoliko puta.
- Da, vidjela sam, ali tek kad sam se probudila.
- Ja sam mislio da spavaš, ali s druge strane – ipak si rekla da ćeš doći.
- Htjela sam doći i još jednom se ispričati što već nekoliko puta nisam došla na sastanak. I sad se osjećam još gore jer sam zakasnila.
- Ja sam se brinuo jer se nisi javila na mobitel. Ali, srećom, ti si samo spavala... Kako si sada?
- Još uvijek sam umorna, ali dobra vijest je da smo gotovi s projektom. Bar u ovoj fazi.
- I kada imate novi projekt?
- Nije smiješno, Dominik. Vrlo sam umorna.
- Zašto onda to radiš?
- Nije to uvijek tako, samo ponekad.
- Da, samo zadnjih 5 projekata.
- Da, ovo je naporna godina.
- I?
- I – što?

– Zašto to radiš?

– Zašto?

– Da. Zašto?

– To je moj posao.

– I ti voliš biti umorna i imati tako naporan posao?

– I ti si ponekad umoran i isto tako imaš naporan posao.

– Ja ne radim po noći.

– Ponekad ispravljaš testove i referate po noći.

– To nije isto.

– Nije?

– Nije.

– Nego?

– Pustimo to, Sanja.

– Da, pustimo... Dominik, ti si mi rekao da me želiš nešto pitati.

– Da, to je bilo zadnji put.

– ... Ali?

– Ali više te ne želim pitati.

– Ne?

– Ne.

– Oprosti! Jako mi je žao. Da li se još uvijek ljutiš?

– Sve je o.k.

– Što si me htio pitati, ako smijem pitati?

– Ne, ne smiješ pitati.

– Znači, ipak se ljutiš... Još jedanput, oprosti, žao mi je, imala sam zaista puno posla. Svi su bili u uredu i ne bi bilo kolegijalno da sam otišla u restoran.

– I koliko dugo ostaješ u Rusiji?

– Planirano je 5 dana. Ali možda ostajem duže.

– ... 5 dana? Jesi sigurna?

– ... Jesam sigurna? Kakvo je to pitanje?

– Nećeš ostati 2 mjeseca?

– Odakle ti to da ostajem 2 mjeseca?

– Samo pitam.

– Ne. Planirano je 2 mjeseca, ali ja se odmah vraćam.

– A drugi suradnici?

– Odakle znaš da idu i drugi suradnici, Dominik?

– Ne idu drugi suradnici?

– Idu.

– I?

– Helmut ostaje 2 mjeseca.

– Helmut ostaje 2 mjeseca, Sanja?

– Da. Znaš tko je Helmut?

– Novi kolega?

– Otkud znaš, Dominik?

– Nisi nikad pričala o njemu pa sam zaključio da to mora biti novi kolega. Mladi kolega, zar ne?

– Da. Otkud znaš?

– Samo pogađam... Da razmislim: imaš novog kolegu, ne pričaš mi o njemu i idete zajedno u Rusiju. Hm... Zašto se ti vraćaš?

– Znaš, o tome sam htjela razgovarati s tobom. Kad se vratim iz Rusije, imat ću više posla nego do sada.

– ... Više nego do sada?

– Da. Šef mi je ponudio bolje mjesto i bolju plaću. Naravno i više posla.

– I?

– I ja sam pristala.

– Oh...

– Da, znam. Ionako se malo vidimo, a sad ćemo se vidjeti još manje.

– Hm...

– To je bila dobra šansa i ja je nisam htjela propustiti.

– Zašto?

– Zato što volim projekte u uredu, zato što su kolege dobri, zato što je šef o.k. i zato što jednog dana želim postati partner u firmi.

– A tako...

– Da. Da li možeš živjeti s time?

– S tvojom ambicioznošću?... Imam li izbor, Sanja?

– Imaš.

– Pa, moram reći, nije mi pravo. Mislio sam da je sve to samo privremeno. Računao sam da ćeš mi sada reći: «Dominik, prošla je faza hitnih projekata, sad se opet možemo vidjeti svaki dan. Ja te volim i želim da što više vremena provedemo zajedno. Tko zna, možda čak i da živimo zajedno.»

– ... To si mislio?

– Da. To sam mislio. Nakon 7 godina to nije neobično. Zar ne?

– Ne, nije.

– Ali ja sam se prevario.

– Znaš, i ja želim da više vremena provodimo zajedno. Ali... ovo na poslu je velika šansa. Da li to možeš razumjeti?

– Da, mogu. A možeš li ti mene razumjeti?

– U potpunosti.

– Ali izgleda imamo različite planove za budućnost.

– Da, izgleda.

– I? Što sada?

– Možemo se vidjeti jedanput tjedno.

– Mi se sada vidimo jedanput tjedno.

– Druga mogućnost je da živimo zajedno.

– Ozbiljno, Sanja?

– Da, to je druga opcija. Naravno, ja ću svejedno više raditi, čak i ako živimo zajedno... Dominik, da li to netko zvoni na vratima?

– Da, zvoni. Koliko je sati?... Milena je već došla... Trenutak... Idem otvoriti vrata... Milena, dobar dan... Uđite... Vi niste sami?

– Dobar dan... Ne, nisam sama. Nadam se da se ne ljutite, Jan je sa mnom... Jan, ovo je Dominik. Dominik, ovo je Jan, moj sin...

– ... Vaš sin?

– Da.

– Tako mladi, a već ste udani i imate dijete?

– Možda sam mlada, ali nisam udana.

– Oh, oprostite, nisam htio biti tako direktan.

– Sve je u redu. To je bila moja prva velika mladenačka i nepromišljena ljubav... Dominik, možemo preći na «ti»?

– Da, može.

– Dominik, ne smeta ti što je Jan došao?

– Ne, nimalo. Zdravo, Jan!

– Zdravo! Ti si dakle isto učitelj?

– Da, kao i tvoja mama... Koliko imaš godina, Jan?

– Imam 5 godina.

– Kao moj nećak. I on ima 5 godina.

– Kako se zove tvoj nećak?

– Wolfi.

– Je li on tu?

– Ne, nije... Milena, Jan, izvolite u sobu... Sanja, da te upoznam – ovo je moja kolegica Milena i njezin sin Jan.

– Drago mi je, ja sam Sanja, Dominikova prijateljica.

– Drago mi je.

– Dominik, nisi mi rekao da imaš novu kolegicu na poslu.

– Nismo se vidjeli pa ti nisam mogao reći.

– I to tako mladu kolegicu.

– Da, ona je tek počela raditi.

– Dominik, mi možemo doći malo kasnije ako hoćeš. Nisam znala da imaš posjetu.

– Sve je u redu, Milena. Sanja, hoćeš ostati na ručku?

– A ti si pozvao Milenu na ručak?

– Da. Kuham za nju veganska jela.

– Veganska jela? Ti nisi nikada kuhao veganska jela.

– Danas sam počeo.

– A tako. I recite mi Milena, koliko dugo već radite zajedno s Dominikom?

– Ja sam počela raditi u utorak.

– Ovaj utorak?

– Da.

– Prije 4 dana?

– Da.

– I ti Dominik već kuhaš za Milenu?

– Sanja, ti znaš da volim kuhati.

– A mene ispituješ za Helmuta?

– Ne ispitujem.

– Mama, zašto Dominik ima tako crveno lice?

– Da, Dominik, reci ovom djetetu zašto imaš tako

crveno lice?

    - Sanja, ovo je sada vrlo neugodna situacija.

    - Da, imaš pravo. Ovo je vrlo neugodno situacija. A tko je stvorio ovako neugodnu situaciju?

    - Sanja, ja mislim da ti nisi razumjela da...

    - Da, ja nisam razumjela puno stvari. Ali vi jeste. Zato vas ostavljam same jer mi nismo istomišljenici.

    - Sanja...

    - Mama, a zašto ova teta sada ima tako crveno lice?...

13. PONEDJELJAK POSLIJE PODNE, NA PAUZI

- Dominik, kako je bilo na nastavi?... Danas si imao maturante, zar ne?
- Ah, Milena, veseli su. Kao obično.
- Hoćeš da ti donesem kavu?
- Ne, hvala, već sam popio 2 kave.
- Jesi dobro?
- Ide...
- Još jednom ja ti se želim zahvaliti za jučerašnji ručak. Juha od buče je bila odlična, a punjene paprike s povrćem vrlo ukusne. Zaista dobro kuhaš.
- Hvala, Milena.
- Mi ti se želimo revanširati za ručak. Jan već pita kad te može opet vidjeti. Stalno priča o ribama i o knjizi s ribama koju si mu pokazao. Pita me kad idemo na pecanje.
- Tvoj sin je izuzetno dijete.
- Dominik, da li imaš vremena iduću nedjelju doći kod nas na ručak?
- U nedjelju?... Vrlo rado, samo moram se prije dogovoriti sa Sanjom. Ona se vraća iz Rusije u nedjelju. Znaš... ona je interpretirala situaciju

drugačije nego što je bila. Ali poslije smo Sanja i ja razgovarali, ja sam je vozio na aerodrom. Dogovorili smo se da ćemo u međuvremenu oboje razmisliti o našoj vezi dok je ona u Rusiji pa ćemo razgovarati kad se ona vrati.

– Ti mi ne moraš ništa objašnjavati.

– Znam da ne moram. Sanja i ja smo već dugo zajedno i prije nego što si ti došla, mi smo razgovarali o mogućem zajedničkom životu.

– Razumijem...

– Da, to je aktuelna tema.

– Imam zato prijedlog: ako će Sanja biti u nedjelju u Beču, dođite oboje na ručak kod nas. Ja uvijek skuham više. Ako nećete imati vremena, onda se mogu revanširati za ručak u nedjelju poslije. Može?

– Može.

14. SRIJEDA PRIJE PODNE, NA NASTAVI

– Za danas ste trebali pročitati tekst Bertolta Brechta «Majka Courage i njezina djeca»... Da li ste pročitali?... Tko je pročitao tekst?... Nitko?... Samo Edith i Leo?... Kako to?

– Profesore, imali smo u ponedjeljak i u utorak 3 testa. Nismo imali vremena pročitati tekst.

– I što ćemo sada raditi?

– Idemo van, profesore.

– Imate neki drugi prijedlog?

– Nećemo ništa raditi.

– Dobro, nećemo ništa raditi.

– ... Ozbiljno, profesore?

– Jeste dobro, profesore?

– On se šali.

– Ne, ne šalim se.

– To znači da možemo raditi što hoćemo, profesore?

– Što ti sada želiš raditi, Thomas?

– Spavati.

– Zašto?

– Jer sam pospan.

– Profesore, Thomas je jučer slavio rođendan i napio se.

– Gdje si slavio rođendan?

– Kod kuće.

– Bez roditelja?

– On nema roditelje, profesore. On živi samo s tetkom.

– I što kaže tvoja tetka za tvoju proslavu?

– Ona nije bila kod kuće. Ona radi u bolnici u smjenama kao medicinska sestra. Došla je ujutro. Ali mi se nismo vidjeli.

– Kako to?

– Ja sam bio s društvom u «Mekiju».

– Ujutro?

– Da. Na doručku.

– U «McDonaldsu»?

– Da.

– I što ste tamo doručkovali?

– Hamburger i colu.

– Ujutro?

– Profesore, Thomas danas nije ništa jeo. On je samo povraćao.

– Ozbiljno?

– Nisam, Karl laže. Ja sam išao normalno na WC.

– Znate profesore, Thomas ne podnaša alkohol, a pije.

– A ti, Karl? Da li ti piješ?

– Pijem. Mlijeko i vodu.

– Profesore, momci se prave da su pravi muškarci i zato se natječu tko može više popiti alkohola. Oni misle da se tako mogu prije oženiti.

– A ti se, Julia, hoćeš udati za Alexa!

– Za Alexa? Ja imam svoj plan u životu. Želim

studirati i osnovati vlastitu firmu. A Alex može raditi za mene ako hoće.

– Hahahahaha, Alex, Julia će biti tvoja šefica!...

– Ja da radim za nju? Samo mrtav...

– Profesore, vidite, tako izgleda prava ljubav – tko se voli, taj se svađa...

– Ah, ne pričaj gluposti, Leo!

15. SUBOTA POSLIJE PODNE, KOD KUĆE

«... Da vidimo... voćni kolač... trebam 225 grama brašna... Kakvog brašna?... oštrog... imam... onda 6 žlica ulja... da.... onda 175 grama šećera... prašak za pecivo... imam... 2 dl sojinog mlijeka... i to imam... sve promiješati...

... o.k., napravljeno... staviti u kalup za kolač... u redu... polako, polako... super... I onda? Onda trebam staviti na to zamrznuto šumsko voće... Koliko?... pola kilograma... ta- ko...

... staviti u pećnicu i peći na 200 stupnjeva oko 30 minuta... o.k., tu je 200 stupnjeva...

... gotovo...

... Sanja voli voće. Kada sutra dođe, sigurno će pojesti pola kolača... Možda sam trebao danas ujutro peći kolače. Da i Wolfi i Diana probaju. Ali ni palačinke nisu bile loše. Wolfi je pojeo 4 komada. Ali Sanja ne voli palačinke. Osim toga palačinke nisu dobre sutra... Ovaj kolač je kolač za naš novi početak... Ili kolač za naš kraj. Tko zna.»

16. NEDJELJA 8 SATI UJUTRO, NA AERODROMU

- Zdravo, Sanja!
- Zdravo Dominik!
- Kako si? Kako je bilo u Moskvi?
- Vrlo uspješno. Sve sam obavila što sam planirala. A u planu su još neki projekti. Dobili smo nove ponude.
- Za još više projekata?
- Da, puno se gradi.
- Ispekao sam kolač za tebe.
- Ozbiljno?
- Da. Voćni kolač. Bez jaja. Čeka te na stolu kod mene.
- Lijepo, hvala ti... Samo, ja sam jela u avionu pa nisam gladna.
- To su samo kolači.
- Imaš pravo, za kolač se uvijek nađe mjesta u trbuhu. Jedino što moram prvo svratiti do ureda i odnijeti par papira.
- Sada?
- Da.
- To ne može sutra?

– Ne, šef čeka. Ali odmah poslije idemo k tebi. Donijela sam ti mali poklon.

– Da? Kakav?

– Donijela sam ti ruske babuške.

– Ah, lijepo. Znaš, ti si mi nedostajala.

– I ti si meni nedostajao. Jako. Jedva sam čekala da te vidim.

– I ja sam te htio vidjeti što prije.

– Kako ćemo sada?

– Ti me možeš odbaciti do biroa, a ja dolazim za pola sata do tebe. Može?

– Hoćeš da ostanem u autu dok si ti u uredu?

– Ne, to nije potrebno. Dolazim odmah.

– U redu. Za to vrijeme ja ću skuhati čaj.

– Može, odlično...

17. NEDJELJA 11 SATI UJUTRO, KOD KUĆE

– ... Halo, Sanja?... Rekla si da dolaziš za pola sata, a sad je već 11 sati!... Ali rekla si da ste gotovi s projektom... Samo s tom fazom projekta?... I kad onda dolaziš?... Da li uopće dolaziš danas?... Što me želiš pitati?... Želiš se preseliti k meni?... Ozbiljno?... Da, to je lijepa vijest. A ja sam mislio da si se predomislila... Da preselim tvoje stvari?... Tvoje stvari u moj stan?... Ali kako? Nemam ključ... Tvoja susjeda ima ključ?... Dobro, ti je nazovi i reci joj da ja dolazim... Ali, reci mi, koje stvari da uzmem?... Stvari su već spremne?... Znači ti si odlučila o selidbi prije nego što si otišla u Rusiju. Zašto mi nisi rekla?... Nisi bila sigurna?... Ali reci mi, kad ćeš doći?... U redu... Znaš, veseli me što ćemo živjeti zajedno... Još nešto: kupio sam ovaj stan u međuvremenu... Da, na kredit... Hvala... To je lijepa novost, zar ne?... Ozbiljno?... Naravno da mislim ozbiljno... Mi nismo više djeca... Je li to u redu za tebe?... Iznenađena si?... Hm... To naravno ne treba igrati nikakvu ulogu... što sam kupio stan...

Ozbiljno?... Znači, vesela si što sam kupio stan... Drago mi je onda... Super... Da...Do poslije!

– ... Halo, Sanja?... Znaš, moram ti nešto reći... Ovo nije ispravno što radimo... Ne, to nije dobar početak... Ja ne mogu seliti tvoje stvari dok ti radiš. To trebamo raditi zajedno. Tako ne možemo početi naš zajednički život... A ja te ne želim čekati kad ćeš imati vremena. Kao da sam ja tvoj poslovni termin ili transportna firma. To je pogrešno. Ja sam mislio da ćeš za selidbu imati vremena ... Znam, znam... I to znam... Ja razumijem da ti imaš posla. Shvatio sam da je to tako... Znaš, Sanja, ja više ne želim da se ovako družimo. Ja sam nezadovoljan, a i ti si nezadovoljna. Bolje da sada odustanemo nego nakon nekoliko godina. Samo gubimo vrijeme jer se nadamo da će biti drugačije. Ali ako do sada, nakon 7 godina, nije bilo drugačije, onda sigurno ni poslije neće biti drugačije... Nemaš odgovor? Znam. Možda je ovako bolje... Izgleda da su naše želje ipak preslabe... Jednostavno imamo različite želje... Da... Tužan jesam, to je istina, a istina je da vodimo različite živote... Da... Znam da si htjela da ostanemo zajedno i da živimo zajedno, i ja sam to htio, ali očito nam ne ide... Da, što se može?... Tako je, kako je... Kad završiš projekt, onda se javi, možemo se naći i malo pričati... Znam da je i tebi žao... I znam da voliš svoj posao... Dali smo si šansu, zar ne?... Da... Bok... Čujemo se...

– Halo, Milena? Ovdje Dominik... Htio sam te

pitati da li mogu danas sam doći na ručak?... Mogu? Hvala ... Ne, Sanja neće doći, ona ima posla... Ne, sve je u redu, nismo se svađali, ali smo shvatili neki stvari... Znaš, imam kod kuće kolač, jučer sam ga ispekao. Mogu ga donijeti?... Kakav?... Voćni kolač, ali bez jaja... Da, moj prvi veganski kolač... Može?... Drago mi je... Onda, vidimo se ubrzo... Bok...

VOCABULARY

Abbreviations:
acc. – accusative
coll. – colloquial language
dat. – dative
inf. – infinitive
loc. - locative
m/f – male/female
N. – nominative
pl. – plural
voc. – vocative

A

a – and; but
adresa – address
aerodrom – airport
ako – if, whether
aktuelni – current
alge – seaweed
ali – but; and
ambiciozna – ambitious
ambicioznost – ambition
angažirati – to engage
arhitektonski ured – architectural office

B

balavica – snotty nose
bar – at least

baš – (*used as emphasis of statement*) simply, just, but

baviti se – to deal
bez – without
Bez brige. – Don´t worry.
bezobrazan – cheeky
bi bilo – would be, would have been
bitniji – more important
bivši – former
bolje – better
bolnica – hospital
Božić – Christmas
bračni planovi (pl.) – wedding plans
brak – marriage
brancin – sea bass
brašno – flour
brat – brother
brinuti se – to care; to worry
brzo – quick, fast
buča – pumpkin
budućnost – future

C
cijeli – whole
cijeli dan – the whole day
ciničan – cynical
crven – red
cura – girlfriend (romantic relationship)

Č

čak – even
čekati – to wait
često – often
četvorka – D (grade «sufficient»)
četvrtak – Thursday
čim – as soon as
Čujemo se! – We'll hear from each other!
Čujete me? – Do you hear me?; Are you listening to me?
čovjek – human
čuti – to listen

Ć

Ćao, đaci! – (*slogan*) Good riddance!

D

da – yes; that
da razmislim... – Let me think...
Daj da vidim... – Let me see...
Daj dođi! – Come!
Daj prestani! – Stop it!
Daj pusti! – Stop it!
dakle – so...
dali (*inf.* dati) – given (*inf.* to give)
dalje – further
dan – day
danas – today
dati – to give

dečko – boyfriend (romantic reationship)

dignuti (kredit) – to use (a credit)

dignuti revoluciju – to incite a revolution

dio – part

direktno – direct

direktor – director; principal

diskusija – discussion

djeca (*pl.*) – children

djetinjstvo – childhood

djevojka – girlfriend (romantic relationship); young lady

do – until; next to; from

do kraja – until the end

Do poslije! – See you later!

dobiti – to get

doći – to come; to arrive

Dođi! – Come!

Dođite! – Come! (*polite*)

dogovoreno – agreed-on; agreed

dok – during

dokazati – to prove, to show

dolaziti – to come

domaća grapa – home-made Grappa

donijeti – to bring

doplivati – to swimm (along)

dopunska nastava – optional subject (school)

doručak – breakfast

došla (*inf.* doći) – arrived (*inf.* arrive); (past

participle) come (*inf.* come)
dovežen – delivered
Doviđenja. – Good bye.
drag – nice; lovely
Drago mi je. – I am delighted.
druga klasa – another class; a second class
drugačije – differently
drugačiji *(m. pl.)* – different
drugi – the others
drugo – different
družiti se – to communicate; to be together
dug – long

E
elegantan – elegant
ekstra – extra
energija – energy
engleski (jezik) – English language
Evo... – There you are...

F
faza – phase
fer – fair
fino – fine
firma – company

G
ga *(acc.)* – him
gdje – where

generacijama – for generations
gladan – hungry
glasan – loud
glava – head
glumiti – to play (drama)
glup – stupid
glupan – dim-wit
glupost – nonsense; stupidity
godina – year
gore – worse
gospodin – Mister
gost – guest
gotov – ready; finished
gotovo – ready; finished
grad, gradovi – city, cities
graditi – to build
gradivo – subject matter
gradnja – construction
građevinarstvo – construction industry
građevinski inženjer – construction engineer
grapa – Grappa
griz na mlijeku – semolina with milk
gubiti – to lose

H
Hajde! – Come on!
hitan – urgent

htio, htjela – (he/she) wanted

humor – humor

humus – hummus (chickpeas spread)

Hvala vam. – Thank you.

I

i jedno i drugo – both … and …; … as well as …

iako – although

Ide. – I am okay.

idejne vođe (*pl.*) – initiatiors

Idemo! – Let's go!

Ideš mi na živce! – You are going on my nerves!

Idi! – Go!

idući – comming

idući put – next time

ih *(acc. pl.)* – them

ili – ili = either – or

Imaš pravo. – You are right.

Imate pravo. *(pl. or polite)* – You are right.

imati – to have; Ima li vina u boci? – There is wine in
the bottle?

inače – otherwise

interesirati se – to be interested

internet – Internet

interpretirati – to interpret

ionako – anyway

iskustvo – experience

ispekao (*inf.* ispeći) – (he/she has) baked (*inf.* to

bake)
ispitivati – to examine
ispod – under
ispraviti – to correct
ispravno – right
ispričati – to tell
ispričati se – to apologize
ispunjavati – to fulfill
istarska narodna pića – Istrian traditional beverages
istina – truth
istomišljenici (*pl.*) – like-minded people
istovremeno – simultanously
iz – of; from
izazov – challenge
izbjegavati – to avoid
izbor – choice
izgledati – to look (like)
izlaziti – to exit; to get off
iznenađena – surprised
izuzetan – extraordinary; special

J
jabuka – apple
jaje – egg
jako – very
jasan – clear
Javite mi! – Let me know!
javiti se – to get in touch; to let know; to give a call

javljati se – to get in touch; to let know; to give a call
Je li? – Is it (like that)?
jedanput tjedno – once a week
jedini, jedina (*m/f*) – the only one
jedino – only
jednostavno – simple; simply
jedva – hardly, barely
jelo – dish
joj (*dat.*) – her
još – still
jučer – yesterday
juha – soup

K
kada – when
kakao – cacao, hot chocolate
Kako lažeš! – How dare you lying like that! You are totally lying!
Kako stoji... – How is it with...
kalup za kolač – cake tin
kantina – cantine
karakteristika – characteristic
«Karakteristike proze u Austriji nakon 1. svjetskog rata» – «Characteristics of prose in Austria after World War I»
kazališni tekst – theater text
kažem (*inf.* kazati) – (I) say (*inf.* to say)
kažeš (*inf.* kazati) – (you) say (*inf.* to say)

kćerka – daughter

klasa – class

klasičan – classic

klaun – clown

ključ – key

kod – at; by

kod kuće – at home

kod mene – at my place; with me; next to me

kod vas – at your/their place; with you/them; next to you/them

koga – whom

koji, koja, koje (*m/f/n*)– which

kolač – cake

kolegica – colleague (female)

kompliciran – complicated

kontrola – control

kontrolirati – to control

kontrolirati se – to control oneself

kontrolni test – control test

korigiran – corrected

korigiranje – correction

korumpiran – corrupted

korupcija – corruption

kraj – ending, close

krasan – beautiful

kratak – short

kredit – credit

krevet – bed

kriminalac – criminal
kuhanje – cooking
kuhati – to cook
kuhinja – kitchen
kupiti – to buy
«kvit» – even; sad smo «kvit – now we are even

L
lagan – easy; light
lazanje začinjene ružmarinom s mljevenom
janjetinom – lasagna with rosemary and minced
lamb
letiš *(inf.* letjeti) – (you) fly *(inf.* to fly)
letjeti – to fly
lice – face
lijep – pretty, gorgeous
lik – figure
lignje *(pl.)* – calamari
literatura – literature
lokal – inn, pub
lozovača – grappa
luksuz – luxury

LJ
ljepši – more beautiful
ljubav – love
ljubiti se – to kiss
ljubomoran – jeaulous
ljut – angry, annoyed

ljutiti se – to be annoyed

M

«Majka Courage i njezina djeca» – «Mother Courage And Her Children»

majstor – master

mali – small

mamac – bait, lure

manipulacija – manipulation

manipuliran – manipulated

manje – less

masa – mass

matura – school leaving examination

maturanti (*pl.*) – final year student (school)

me (*acc.*) – me

među njima – among them

međutim – but, however

međuvremenu → u međuvremenu – in the meantime

meni (*dat.*) – me

meso – meat

mi – we; me

ministarstvo – ministry

mir – peace, calm

misliti – to think

mjesec – month

mjesto – place

mlad – young

mobitel – mobile phone
mogu (*inf.* moći) – (I) can (*inf.* to be able to)
mogući – possible
mogućnost – possibility
Molim te. – Please.
Molim vas, mir! – Please, silence!
Molim vas! – Please!
momci (*pl.*) – guys
morati – must
morska salata – sea-food salad
možda – maybe
Može? (*coll.*) –Alright?
mrtav – dead
mu (*dat.*) – him
muškarac – man

N

na miru – in peace
na pola sata – for half an hour
na temelju – because of, due to
na to – thereon
na vratima – on the door
naći – to find
naći se – to meet
nadati se – to hope
naivna – naive
najdalje – the farthest
najozbiljnije – seriously (without joke)

nakon – after, thereafter

nam (*dat.*) – us

nametati se – to intrude

nametljiv – intrusive

namjerno – on purpose

napisan – written

napisati – to write, to write down

napiti se – to get drunk

naporan – taxing, annoying

naporno – hard

napraviti – to do

napraviti predstavu – to organize a performance

napravljeno – done

napustiti posao – to quit one's job

naravno – of course, for sure

naručiti – to order

nas (*acc.*) – us

naslov – title

nasmijati – to make someone laugh

nastava – class

natječu se (*inf.* natjecati se) – (they have) applied (*inf.* to apply)

naučiti – to learn

navečer – in the evening

naviti sat – to set the alarm

naziv – term, name

Ne brinite! – Don't worry!

Ne pričaj gluposti! – Don't talk rubbish!

nećak – nephew
nećakinja – niece
nedjelja – Sunday
nedostajati – to miss
nego – but (rather)
neistina – untruth
nejasno – unclear
neki – any
nekoliko – several, a couple of
nekoliko puta – a couple of times
Nemate pojma. – You have no idea.
nemati – not to have; Nema vina. – There is no wine.
Nemoje reći... – Don't say...
Nemojte! – Don't!
neobičan – unusual
nepromišljen – thoughtless
nervozan – nervous
nešto – something
netko – someone
neugodan – uncomfortable
nezadovoljan, nezadovoljna (*m/f*) – unsatisfied
ni – ni = neither – nor
nije mi pravo – I am not fine with it
nikakvo – no...at all
nikoga (*acc.*) – no one, nobody
nimalo – not a little, not at all
ništa – nothing
ništa protiv – nothing against

nitko – no one, nobody
no – but, yet, still
noć – night
novost – novelty, news

O
o (*loc.*) – about
o čemu (*loc.*) – about what
o drugima (*loc.*) – about the others
o njemu (*loc.*) – about him
o toj (*loc.*) – about this
o tome (*loc.*) – about it
obaviti – to do, to settle
obitelj – family
objasniti – to explain
objašnjavati – to explain
oboje – both
obrazovati (se) – to educate (oneself)
očito – apparently, obviously
ocjena – grade
ocjenom – with a grade
od – from; of; since; for
od – do = from – to
od mene – of me
odakle – from where
odbaciti (autom) – to go (by car)
odgovarati – to be questionned, to be tested; to suit
odgovor – reply, answer

odgovoran – responsible
odgovoriti – to reply, to answer
odlično – exellent
odlučiti se – to decide, to choose
odlučivati se – to decide, to choose
odlučni – determined
odmah – immediately
odnijeti – to bring
odustati – to give up
oko – approximately; around; at; about
On laže. (*inf.* lagati) – He lies. (*inf.* to lie)
ona – she; that
onda – then
opasan – dangerous
opcija – option
«Opera za tri groša» – «The Threepenny Opera»
opet – again
opisati – to describe
Oprosti! – Forgive me!
Oprostite! – Forgive me! (*polite*)
opušten – relaxed, relaxing
osjećaj – feeling
osjećati se – to feel
osnovati – to found
osoba – person
ostali – the others
ostati – to stay
oštro – handy (flour)

otišao (*inf.* otići) – gone (*inf.* to go)
otvoriti – to open
ova – those, these
ovaj – this, that
ovakvo – like this
ovdje – here
ovom djetetu – to this child
ovuda – here, hither
ozbiljan – serious
ozbiljno – really, seriously
oženiti se – to marry (*male*)
oženjen – to be married (*male*)

P

pa – and; thus, therefore
palačinka – pancakes
pametan – smart, intelligent
par – a few
paradajz – tomato
pauza – pause, break
paziti – to pay attention
pecanje – fishing
pecati – to go fishing
peći – to bake
pećnica – oven, baking oven
petak – Friday
petkom – every Friday
piće – beverage

pisati – to write
pismeno – in written form
pitanje – question
pitati – to ask, to question
plaća – salary
plače (*inf.* plakati) – (he/she) cries (*inf.* to cry)
plan, planovi – plan, plans
planirano – planned
planirati – to plan
plašiti – to be scared; to scare someone
po danu – during the day
po noći – during the night
početak – beginning
početi – to beginn
podijeljeno – divided (by)
podnašati – to tolerate
podne – midday
podučavati – to teach
poetski – poetic
pogađati – to guess
poglavlje – chapter
Pogledajte! – Look! Take a look!
pogledati – to look, to watch
pogrešno – wrong
pojedinac – individual
pojedini – each
pojesti – to eat
pokazati – to show

poklon – present
pokušati – to try
pola – half
polagati – to take (an exam)
polako – slowly
policijski šef – police chef
Poljska – Poland
pomaže (*inf.* pomagati) – (he/she) helps (*inf.* to help)
Pomozi! – Help!
Pomozite mi! – Help me!
ponašati se – to act, to behave
ponedjeljak – Monday
ponekad – sometimes
ponuda – offer
popiti – to drink
posao – work, job
posebno – especially
poslije – after
poslije podne – afternoon
poslovni – business-...
pospan – sleepy
postati – to become
postavljati – to put
postojati – to exist
potreban – necessary
povraćati – to throw up
povrće – vegetables
poziv – invitation

poznati – to know; to be familiar with
poznati se – to know each other
poznavati – to know; to be familiar with
pozvati – to invite
prašak za pecivo – baking soda
pravi – right
preći na «ti» – to address someone informally
predavati – to teach
predivan – wonderful
predložiti – to suggest, to propose
predomisliti se – to change one's mind
prekid veze – end of relationship
preko telefona – by telephone
preko tjedna – during the week
prekosutra – day after tomorrow
preporučivati – to recommend, to advise
preseliti (se) – to move
preslab – too weak
Prestani! – Stop it!
pretjerivati – to exaggerate, to overdo; To je malo
pretjerano. – That´s pushing it a bit.
preuzeti – to take over
prevoditelj – translator (*male*)
prevoditeljica – translator (*female*)
prevoditi – to translate
prezentirati – to present
priča – history, story
pričati – to talk

prijateljica – friend (*female*)

prijaviti – to report

prije – before; prije nego što – before

prije podne – forenoon

prijedlog – suggestion

prilično – quite, rather

primamljiv – tempting

pripremiti – to prepare

pripremljen – prepared

pristati – to agree

privremeno – temporarily

priznati – to admit

probati – to try

problem – problem

probuditi se – to wake up

proces – process

pročitati – to read (through)

profesorica engleskoga jezika – English professor
(*female*)

program – program

proizvodnja – production

projekt – project

prolaziti – to go by

promijeniti – to change

promiješati – to mix

propustiti šansu – to waste an opportunity

prosjak – beggar

prosjek – average

prošla – gone, past
proslava – feast, celebration
protiv – against
provesti – to spend
proza – prose
prsten – ring
prva mladenačka ljubav – first youth love
prvi – the first
prvi put – the first time
prvo – first; firstly
pubertet – puberty
puding – pudding
punjene paprike – stuffed peppers
puno – much
pušiti – to smoke
Pustimo to! – Let's keep it like that!

R

računati – to count; to believe
raditi – to do; to work
raditi se o – to be about
rado – with pleasure
rakija od imele – mistletoe brandy
raspodijeliti – to divide; to share
raspoloženje – atmosphere, mood
razgovarati – to chat, to talk
različit – different, diverse
razmisliti – to think, to contemplate; to consider

razočaran – disappointed

razred – class

razumjeti se – to understand each other

razumjeti – to understand

rečeno – said

recept – recipe

reći – to say

Reci mi! – Tell me!

Reci mu! – Tell him!

Reci! – Say!

Recimo... – Let's say...

Recite mi! – Tell me!

referat – presentation, paper

revanširati se – to reciprocate

rezervirati – to reserve

režija – direction (film)

režije – rental costs including additional expenses

ribar – fisher

ribarski trikovi – fisher tricks

riskantno – risky

rižoto – risotto

rođendan – birthday

rođenje – birth

roditelji – parents

ručati – to have lunch

Rusija – Russia

ruske babuške – Russian babushkas

ruski (jezik) – Russian (language)

S

s = sa – with; from
s druge strane – on the other hand
s kime – with whom
s njima – with them
s time – with this
s tobom – with you
s tom – with it, with this
s vama – (*sg.*) with you (*polite*); (*pl.*) with you
sa mnom – with me
salata od krumpira – potatoe salad
sam, sama (*m/f*) – alone; by yourself
same (*pl. f*) – alone
samo – only
sastanak – meeting
sastavak – essay
sat – hour; … o´clock; lesson; Koliko je sati? – What time is it?
saznati – to discover
se – myself, yourself, etc.; one (*impersonal subject*)
selidba – moving, relocation
seliti (se) – to move
semestar – semester
sezam – sesame
shvatiti – to understand
siguran – safe; sure
sigurno – sure
simpatična – sympathetic

sin – son

sir – cheese

situacija – situation

skuhati – to cook

skup – expensive

slaviti – to celebrate

sljedeći put – next time

slučajno – by coincidence

Slušaj! – Listen!

Slušajte! (*pl.*) –Listen!

smatrati – to think, to be of the opinion

smetati – to bother; Ne smeta mi. – I don´t mind.

smijem (*inf.* smjeti) – may (I) (*inf.* be allowed)

smiješno – funny; weird

Smirite se! – Calm down!

smjena – shift; raditi u smjenama – to work in shifts

smjeti – to be allowed

sojino mlijeko – soy millk

sos – sauce

spavati – to sleep

specijalist – specialist

sreća – luck

srećom – fortunately

srijeda – Wednesday

stalni posao – fixed job, fixed workplace

stalno – always; all the time

stan – apartment

stanovati – to live (in an apartment)

stav – attitude
staviti – to put
Stiže odmah. – It is coming right away.
stoji (*inf.* stajati) – (it) stands (*inf.* to stand)
stol – table
stranica – page
strašno – terrible
strastven – passionate
stres – stress
Striče! (*voc.*) - Uncle!; N: ujak – uncle (on one's mother side)
student – student (*male*)
studentica – student (*female*)
studirati – to study
stupanj – degree
stvar – thing
stvar sreće – matter of luck
stvoriti – to create, to make
subota – Saturday
sumnjičav – suspicious
suradnici (*pl.*) – co-workers
susjeda (*f*) – neighbour
susret – meeting
svađati se – to have a fight, to quarrel
svatko – everyone
sve – everything
svejedno – irrelevant; It doesn´t matter.
svi – all, everyone

svijet – world
svjež – fresh
svoj – own
svratiti – to stop by

Š

šaliti se – to make jokes
šansa – chance, opportunity
«šarafi» (*coll.*) – pasta dough in the form of screw
šarmantno – charming
šećer – sugar
šefica (*f*) – boss
škola – school
što – what; that
«štreber» (*coll.*) – nerd
šumsko voće – wild berries

T

taj – that (one)
tako – so; like that
Tako je, kako je. – It is as it is.
također – as well, also
takt – beat, pace
talijanska (*adjective*) – Italian
te (*acc.*) – you
tehnička dokumentacija – technical documentation
tehnički crtač – engineering draftsman
tek – still; not until
tekst, tekstovi – text, texts

telefonom – by telephone
tema – subject
temperatura – temperature, fever
test, testovi – test, tests
teško – difficult
teta – aunt
ti – you; *(pl.)* those
tikvica – zucchini, courgette
tjedan – week
tjestenina – pasta
tko – who
tobom = s tobom – with you
To ima veze s ... – It has to do with...
transportna firma – transport company
travarica – herbal digestive
tražiti – to request; to want
trbuh – stomach
treći put – the third time
trenutno – currently
truditi se – to make an effort
trudna – pregnant

U
u ljeto – in the summer
u međuvremenu – in the meantime
u ovoj *(loc.)* – in this
u početku – at the beginning
u potpunosti – entirely

U redu. – Alright.

u slučaju – in case

u svakom slučaju – in any case

u vezi – regarding

U vezi čega? – Regarding what?

u zadnje vrijeme – recently

učenik – pupil

učiniti – to make, to do

učitelj – teacher

udana – married (*female*)

udati se – to marry (*female*)

Uđite! – Enter! Come in!

udžbenik – course book

uglavnom – mostly, in most cases

ugodan – pleasant, comfortable

ujutro – in the morning

ukupno – in sum

ukusan – tasty

uloga – role

ulje – oil

umjesto – instead of

umjetnik – artist

umoran – tired

uopće – anyway

upecati – to fish

upoznati – to get to know

upravo – at the moment

ured – office

uskoro – soon
usmeno – verbally, oral
Uspio sam. – I have made it.
uspješno – successful
ustvari – actually
utjeha – comfort
utorak – Tuesday
uvijek – always
uvreda – insult
uzeti – to take
uzimati – to take

V

valjda – perhaps, probably
vam *(dat.)* – to you
van – out, outside
vas *(acc.)* – you
vatra – fire
važan – important
već – already
veće – bigger
večer – evening
večera – dinner, supper
večeras – tonight
večerati – to have dinner
veganski kolač – vegan cake
veganska kuhinja – vegan cuisine
velik – big; tall

vesela *(f)* – happy, cheerful

veseli *(pl. m)* – happy, cheerful

veseliti se – to look forward; to be pleased

veza – relationship

Vidimo se! – See you!

vidjeti – to see

vijest – message

visok – high

više – more

vizitkarta – business card

vjenčati se – to marry

vladati – to rule

vlasnik – owner

vlastit – own

voćni kolač – fruit cake

voda – water

voljeti se – to love each other

voziti – to drive

vraćam se *(inf.* vratiti se) – (I) return *(inf.* to return)

vraćati se – to return

vrata – door

vratiti se – to return

vremenski – temporal

vrijeđati – to insult

vrlo rado – with pleasure

Z

za – for

za koga – for whom
za mene – for me; about me
za njega – for him
za nju – for her
za sebe – for oneself
za tebe – for you
za vas (*acc.*) – for you
zaboravljati – to forget
začin – spice
zadnji – the last
zadovoljan – satisfied
zajedničko – common, shared
zajedno – together
zakasniti – to be late
zaključak – conclusion; resolution
zaključiti – to conclude
zamrznut – frozen
zapravo – in fact
zar → Zar je to tako? – Is it?
zar ne – Isn´t it?; Right?
zasada – for now
zašto – why
zato – because, since
završiti – to end, to finish
zbilja – really
zbog – because of, due to
zbornica – faculty room
zdravstveni problemi – health problems

zdrav – healthy
zgodan – handsome
zlatna ribica – goldfish
značiti – to mean
znati – to know; can
zovite me... – call me...
zvati – to call
zvoniti – to ring
zvučati – to sound

Ž

Žao mi je. – I am sorry.
želja – wish
željeti – to wish, to like
žensko – a female person
žive (*inf.* živjeti) – (they) live (*inf.* to live)
život – life
žlica – spoon

Croatian made easy
August 2016

Level 0: Easystarts – up to 400 words

Ana Bilić: My Long-Distance Relationship – Moja daleka ljubav – *a mini novel with vocabulary section and English introduction - paperback and ebook*

Level 1: Beginners – up to 800 words

Ana Bilić: The Extraordinary Challenge – Izuzetni izazov – *a mini novel with vocabulary section and English introduction - paperback and ebook*

Ana Bilić: The Little Big Decision – Mala velika odluka – *a mini novel with vocabulary section and English introduction - paperback and ebook*

More information about «croatian made easy» on:

http://www.croatian-made-easy.com

Made in the USA
Middletown, DE
05 January 2022

57868517R00057